Frain Benton

BurnOut - BurnIn

Autoayuda con Jin Shin Jyutsu

*La evolución de una enfermedad
y su re-evolución por los
flujos curativos de Jin Shin*

Con un prólogo de Felicitas Waldeck

Copyright © 2015 Creative-Story, Munich (Alemania)

Frain Benton
BurnOut - BurnIn: Autoayuda con Jin Shin Jyutsu.
La evolución de una enfermedad y su re-evolución por los
flujos curativos de Jin Shin.
Con un prólogo de Felicitas Waldeck

Creative-Story
Safferlingstr. 5 / 134
D-80634 Munich
Alemania
Tel.: +49 (0)89 / 12 11 14 66
Fax: +49 (0)89 / 12 11 14 68
info@creative-story.com
www.creative-story.com

Diseño de portada, creación gráfica y tipografía:
Creative-Web-Projects, Munich (Alemania)

Traducción:
Juan Reinecke, Regina Puga-Hertzsch

ISBN: 978-3-942603-30-0

Aviso Legal
Las instrucciones de este libro no es un sustituto del
asesoramiento y el examen por un médico.
Si tiene problemas de salud, por favor consulta un médico.

De acuerdo con una decisión del Tribunal de la Patente alemana
el término "Jin Shin Jyutsu" es un concepto de dominio público.
El término es, como estaba previsto por el creador, propiedad de
la población en general a fin de mejorar el bien común.
En este sentido, también entiende esta publicación.

Contenido del libro están sujetos a la protección jurídica del
derecho de autor.
La duplicación y distribución de los contenidos se permite sólo
después de obtener primero el permiso por escrito del editor.

Contenido

Prólogo 5

Introducción 7

   BurnOut 8

   BurnIn 10

   La evolución de una enfermedad y su re-evolución por los flujos curativos de Jin Shin Jyutsu 12

   Unas palabras sobre el valor científico 13

Agradecimiento 14

Instrucciones prácticas para los ejercicios 15

   Sujetando los dedos 16

   El auto-abrazo (big hug) 17

   El Flujo Central 18

   Equilibrio lateral 19

   El flujos de los órganos 21

      Los pulmones (elemento aire) 22

      El intestino grueso (elemento aire) 26

      El estómago (elemento tierra) 30

      El bazo y el páncreas (elemento tierra) 34

      El corazón (elemento fuego) 38

      El intestino delgado (elemento fuego) 42

      La vejiga (elemento agua) 46

      Los riñones (elemento agua) 50

      El diafragma (y pericardio) 54

      El ombligo (tres vitalizadores del calor) 58

      La vesícula (elemento madera) 62

      El hígado (elemento madera) 66

Epílogo 70
Algunas indicaciones adicionales 71
Índice de grabados 72
A- Z índice 73
Notas 83

Prólogo

La palabra BurnOut está hoy en boca de todo el mundo!

Un sinnúmero de conferencias, muchos escritos, libros y ensayos tratan de definir las razones que originan esta nueva enfermedad, buscando fórmulas para su reparación o sanación.

¿Y ahora: otra nueva tentativa?

Sí, pero aquí mirado a través de una visión simple, con aplicaciones sencillas, prácticas, para armonizar, auto regular y por último, sanar mediante la liberación de flujos de energías y sin medicamentos ni química. BurnOut significa consumido, quemado. Comparémoslo con una estufa cuyo combustible está agotado hasta casi la extinción porque no hemos repuesto el material combustible. Pues: "donde hubo combustión, debe haber existido algún combustible que permita tal combustión."

Todos conocemos el concepto: "arder por una idea, por algún fin o por un ideal", ese arder significa entrega total, entusiasmo, apasionamiento, inspiración total por algo. Y quien arde o se apasiona por una idea o labor, desarrolla una gran capacidad y fuerza para absorber mucho trabajo, pues lo hace con entusiasmo y pasión. Desea lograr sus metas y quiere cosechar sus frutos.

Pero, ¿qué pasa, cuando el entusiasmo y la dedicación, no responden con los frutos esperados? es decir, cuando el esfuerzo desvanece y el éxito no llega. Generalmente se duplica el esfuerzo, pero seguramente con menos entusiasmo. Es como alimentar el fuego de la estufa con papel para mantener la llama viva.

Prólogo de Felicitas Waldeck

En estos casos la carga - el 'input' - y la descarga - el 'output' - no mantienen su equilibrio. Esto conlleva una decepción a una desmotivación física y emocional, acompañada por un sinnúmero de sentimientos. Se pone en duda la razón de ser, de su quehacer y así de su propio ser. Aparece la crisis existencial en diferentes formas emocionales, el llamado BurnOut con todas sus formas de presentarse. Es aquí, cuando el afectado exclama desesperado:

"me he perdido"
"soy otro"
"no me siento mí mismo"
"no puedo más"
"me siento desligado, excluido"
"no tengo más energía"...

Aquí está la razón de este libro: indicarle el camino práctico para volver a cargar energía o para volver a sentirse Ud. mismo y para no sentirse más separado del resto. Es decir, volver a reencontrarse consigo mismo, con su alma y conectarse conscientemente a la energía de la creación universal.

En este libro Ud. encuentra muchas respuestas y vías fácilmente aplicables para ayudarse por sí mismo o dejarse ayudar por un experto mediante el trabajo de reactivación de los flujos energéticos sanatorios del Jin Shin.

Felicitas Waldeck

(Agosto 2013)

Introducción

Desde hace algún tiempo la enfermedad BurnOut se está expandiendo en todas direcciones. Puede decirse, que se ha transformado en una epidemia, en un serio peligro, no sólo para los afectados, sino también para quienes los rodean: familia, círculo de amigos, empleadores, colegas y, porque no decirlo, lentamente toda la sociedad y la economía social.

¿Qué es ésta enfermedad?
¿De qué se trata?
¿Es algo nuevo?
¿Es contagioso?
¿Por qué se está expandiendo tan amplia y vertiginosamente?
¿Proviene de algún virus?
¿Cuáles son sus síntomas?
¿Tiene un desarrollo preestablecido?
¿Cuando la enfermedad aparece, existen aún posibilidades de sanación?
¿Existen especialistas o terapias que prometen éxito?
¿Hay un origen general para esta enfermedad y existe la posibilidad de vacunación para protegerse?

Todas estas preguntas pueden ser respondidas afirmativamente: Si, aunque al principio Ud. pueda mantener sus dudas. Siga leyendo e inicie su viaje de descubrimiento con los ejercicios de Jin Shin. Ud. tiene la gran oportunidad de buscar por sí mismo el equilibrio y, … con sus propias manos!

Y lo mejor de todo, Ud. no podrá cometer ningún error, ni exponerse a daño alguno.

BurnOut

El agotamiento total como también se denomina el BurnOut, existe desde siempre, basado en situaciones personales de la vida, momentos históricos como hambrunas, guerras, opresiones, explotaciones y mucho más.

Pero esta forma de extenuación y agotamiento, como lo es el BurnOut, es nueva y proviene de señales específicas de nuestro tiempo vertiginoso: comunicación muy rápida, estar siempre ubicable, la maximización de los resultados con la minimización de tiempo y costos. Lo alcanzable, las metas se establecen matemáticamente y de acuerdo a criterios de la economía y no de acuerdo a principios éticos, como lo son las leyes de la naturaleza o de acuerdo a las bases filosóficas de la creación. Las fuentes de recursos naturales y el potencial humano son usados, exigidos y explotados sin límites y sin piedad.

Al principio participamos con entusiasmo, nos motivamos, y lo que nos motiva y entusiasma, también toca nuestra alma. Con la misma fuerza se trabaja para obtener el resultado optimal para la empresa y en sus diversos sectores como en las investigaciones, las planificaciones y en las interrelaciones. Nuestra mente está orientada al éxito y nos olvidamos de nosotros mismos, sin darnos cuenta, que nos estamos desgastando, nos estamos quemando, y que hemos perdido la conexión a nuestra alma. No nos damos cuenta que nos hemos contagiado, similar al virus de la computadora.

El tiempo de incubación es difícil de determinar y dependerá en gran parte de la fuerza de nuestro entusiasmo participativo y del correspondiente despertar posterior, como así mismo de la capacidad y a la voluntad autoreguladora de que disponga la persona afectada.

Introducción

El desarrollo de los diferentes factores y síntomas que llevan hasta el diagnóstico del BurnOut tiene raíces y orígenes múltiples y puede aparecer, mostrarse en diferentes formas.

Generalmente se describe como sigue:

> la sobrecarga e intensidad de compromisos en las obligaciones sociales, laborales y del trabajo en general dejan de lado los requerimientos de las necesidades y libertades propias y personales. Ello lleva a la reducción del rendimiento, a la pérdida de los contactos sociales, al auto aislamiento, a cambios de comportamiento hasta llegar a la crisis existencial.

Malestares físicos:

> el insomnio a pesar del cansancio, la debilidad nerviosa. Con ello viene todo tipo de dolores desde la cabeza, la espalda hasta el corazón.

Malestares psíquicos:

> la disminución de la autoestima, las preocupaciones con o sin razón, las inquietudes, las angustias, rabias, penas, depresión.

Todo esto lleva al estancamiento del flujo vital como resultado al gravamen que por esfuerzo extraordinario, se ha impuesto al funcionamiento de los órganos y con ello al agotamiento físico, psíquico, emocional y espiritual.

¿Entonces, dónde y cuándo comenzamos con la terapia?

BurnIn

Como ya mencionado, solo puede haber combustión donde hay algo que pueda dar base para dicha combustión. En el ser humano generalmente este combustible es el entusiasmo, el saber cómo, el saber hacer, la identificación personal con el proyecto. El entusiasmo por la causa: te gusta, te anima, quieres rendir, quieres ver los frutos de tu esfuerzo, pero para rendir necesitamos constantemente energía, energía que suministra constantemente la autorregulación humana. Si desgastamos constantemente mayor cantidad de energía que la que normalmente estamos produciendo, nuestras reservas se agotan, nos vaciamos y perdemos la conexión a nuestro natural proveedor: la energía universal o cósmica.

Por esta razón las personas afectadas se quejan y expresan:

"mi batería está vacía"
"no me quedan energía"
"estoy como desconectado"
"no me siento mí mismo"
"me he perdido" …

Para el tratamiento de estos síntomas generalmente se recomienda practicar deportes, mantener contactos sociales, participar en cursos de auto encuentro para volver al propio yo, reencuentro con el niño que vive en mi … y muchos más.

Según la lógica de las enseñanzas asiáticas todo malestar, cada enfermedad, es el resultado del bloqueo, la interrupción o desequilibrio de nuestros flujos de energía. El médico americano Dr. Eric Pearl denomina su método de tratamiento como "reconexión". Y eso es justamente lo que sucede mediante la fácil aplicación de los ejercicios

Introducción

Jin Shin, que llevan automáticamente a la reactivación de los flujos de energía.

Con nuestras propias manos, o las experimentadas manos de un terapeuta practicante del Jin Shin, recuperamos la conexión, nos reconectamos, a la fuente de todas las fuentes que permiten la recarga de nuestra batería vital. Y mientras practicamos la reactivación de nuestros flujos de energía, sentimos esclarecimiento, recuperamos nuestra autoestima y nuestras ganas de vivir.

Y ahí está el "meollo del asunto", reconectarnos a nuestro núcleo divino, a nuestra alma y sentir la sanación. Mientras más pronto iniciemos nuestros ejercicios, mejor para nuestro sistema de inmunidad. Actúa como una vacuna de protección. Cuantas personas estresadas han descubierto, por ejemplo en la silenciosa protección en un claustro monacal, se pueden recuperar nuevas fuerzas.

La evolución de una enfermedad y su re-evolución por los flujos curativos de Jin Shin Jyutsu

Tal como descrito, la enfermedad BurnOut es la descripción de un conglomerado de situaciones que se van juntando en forma escalonada, mejor dicho, en forma espiral en nuestro cuerpo.

La energía generalmente se mueve en forma espiral. Fuera de nuestro cuerpo la denominamos energía cósmica o universal y dentro de nuestro cuerpo como energía vital. De ello podemos deducir, que los flujos de energía vital ingresan atornillándose y profundizándose en nuestro cuerpo.

Sobreponiendo nuestras manos bipolares en los puntos de reactivación de flujos, actuamos en forma inversa contra la propagación de la enfermedad, desatornillando y sacando sus síntomas hacia la superficie. Ese es el resultado que experimentamos mediante la aplicación del Jin Shin. Y esa es la experiencia de nuestros antepasados, que desde tiempos ancestrales sanaban con sus manos y conseguían alivio y bienestar.

Este método de sanación, que se denomina abreviadamente "Jin Shin" y por el nombre completo "Jin Shin Jyutsu", en su idioma original japonés significa: "El Arte del Creador a través del hombre".

Introducción

Unas palabras sobre el valor científico

Todo sistema de sanación establecido se corrige y complementa o se reemplaza con el tiempo. La fuerza de efecto de las manos, que ha sido usada y aplicada para la sanación desde milenios, pudo ser ahora también confirmada científicamente.

El conocido y valorado científico e investigador de biofotones Prof. Dr. Fritz Albert Popp, pudo medir en el año 2008 los enormes e imponentes cambios energéticos que se producen a través del tratamiento mediante la activación de los flujos de sanación del Jin Shin.

Años antes, junto a su amigo y colega , el Dr. de medicina general Dr. Klaus-Peter Schlebusch, había podido establecer la actuación del Jin Shin mediante rayos infrarrojos.

Podemos también mencionar a la Dra. Veronika Carstens, médico y esposa del ex Presidente de la República Federal de Alemania. Ella, como médico, recomendó a sus pacientes someterse a los ejercicios sanadores del Jin Shin. Ella sabía de la fuerza y efectividad de este sencillo método, e hizo velar para que este simple y económico sistema pudiera estar a disposición de toda persona que lo requiera.

Agradecimiento

Con alegría y de corazón, agradezco haber conocido y aprendido este grandioso método a través de los libros de Felicitas Waldeck para aprender a armonizarme y percibirme mejor con mis manos.

Toda persona debiera encontrar su camino natural para adquirir este conocimiento que se encuentra a su disposición.

Mediante investigaciones se ha demostrado, que los niños no pueden desarrollarse adecuadamente sin contacto humano físico a través del cariño y de las caricias, mientras que los adultos, a quienes hace falta este contacto cariñoso, padecen físicamente y se deterioran.

Por ello agradezco al maestro Jiro Murai y a sus dos alumnos Mary Burmeister y Haruki Kato, haber recuperado este "arte manual", preparándolo para ser entregado y difundido a la conciencia y conocimiento del ser humano.

Mary Burmeister († 2008) trasladó esta sabiduría desde el Japón al mundo occidental construyendo puentes entre oriente y occidente, mientas que el sucesor oficial de este arte, el maestro Haruki Kato († 2014), siguió enseñando este verdadero arte metodológico desde Japón hasta su muerte a mediados de 2014. (Véase: Harato Kato, Textbooks, Text I, 2002, 2003)

Un agradecimiento especial por la traducción en español de Juan Reinecke y Regina Puga-Hertzsch y también a Roswitha Gerhart por su incansable cooperación.

Instrucciones prácticas para los ejercicios

Siempre trate de tomar la posición más cómoda que le permita las circunstancias. Lo más práctico es, que los ejercicios pueden hacerse sobre la ropa (no requiere contacto directo piel con piel).

La buena noticia es, que en todo momento, sea este adecuado o no, sin que nadie se dé cuanta directamente, Ud. puede hacer algo por su bienestar. Su yo interno se sentirá feliz cuando Ud. se relaje : sentado cómodamente en su casa, escuchando música, mirando un programa de televisión, en una sala de espera, usando la movilización colectiva para llegar a su trabajo, durante un viaje, aprovechando su tiempo, aplicando conscientemente sus manos a su cuerpo.

Y, aunque Ud. no lo crea, son sus manos las que están provocando algo positivo, recuperando fuerzas. Sólo es necesario colocar los tres dedos centrales de ambas manos en los puntos de reactivación de flujos. Estará aprovechando tiempos que parecen perdidos para recuperar fuerzas, mitigar dolores, olvidar malestares, descansar profundamente.

Desde luego la fe apoya su accionar, como se ha podido constatar en muchos casos. Simplemente pruébelo y Ud. se asombrará y se alegrará a través de su propia experiencia.

Sujetando los dedos

La forma más sencilla de activar los flujos de energía es: sujetando los dedos. Sujetar cada dedo individualmente, dentro de la otra mano. Mantenga el dedo tomado mínimo dos a tres minutos en una mano y después en la otra. El flujo se activará automáticamente, por si mismo.

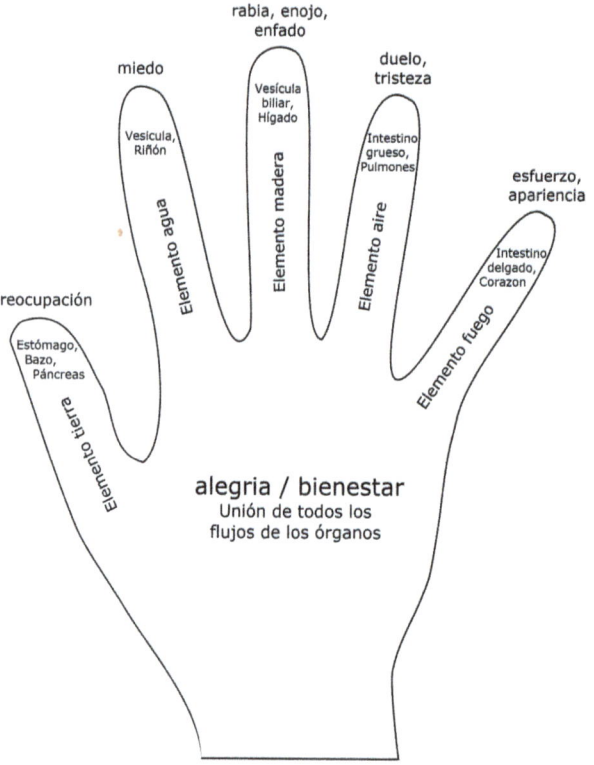

Considerando que cada dedo tiene relación directa hacia una situación emocional específica y al mismo tiempo, dos órganos diferentes.

El auto-abrazo (big hug)

El segundo ejercicio básico importante de activar flujos de energía, es el auto abrazo y sus 36 respiraciones profundas y conscientes.

Y, aunque no tenga tiempo suficiente para terminar estos 36 ciclos de inhalaciones y exhalaciones (se podrá quedar dormido, o olvidar que está haciendo su ejercicio), comience con tres ... y pero mantenga su auto abrazo mientras enriquece sus pulmones con oxígeno fresco. Por ejemplo, durante una situación estresante o una conferencia aburrida. Ud. disfrutará de una gran sensación de relajamiento y bienestar gracias a este ejercicio.

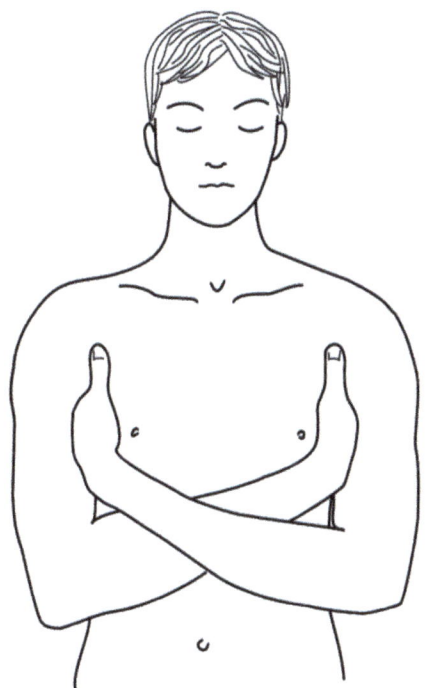

El Flujo Central

Este ejercicio básico diario es el más importante y lo denominamos "Flujo Central". La activación del flujo central es la que nos provee con le energía básica diaria necesaria. Sin siquiera darnos cuenta, este flujo central, nos une como un imaginario cordón umbilical a la energía cósmica universal, la que nos hizo, la que nos mantiene, la que nos alimenta y nos repara.

Siga simplemente las indicaciones del dibujo y permanezca dos a tres minutos en cada posición. Ud. gozará agradecido de las bendiciones de este simple método.

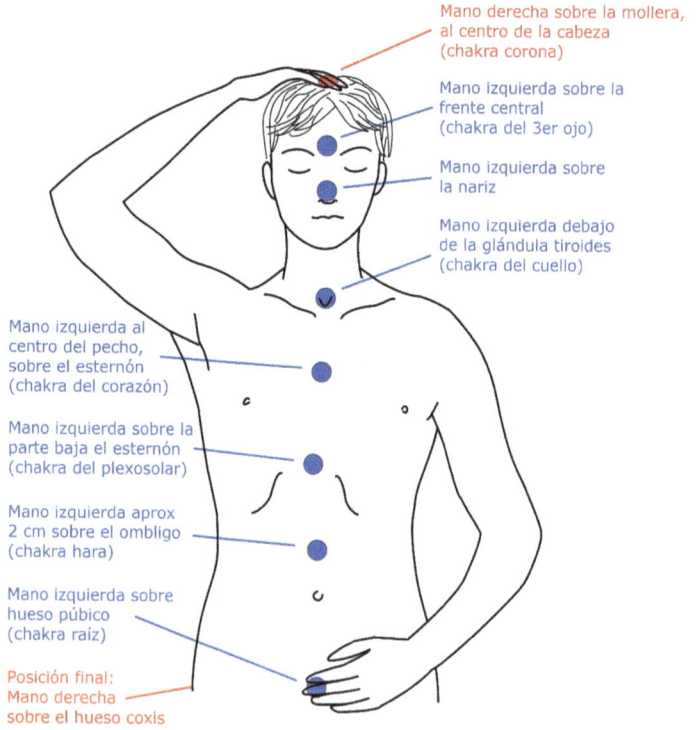

Mano derecha sobre la mollera, al centro de la cabeza (chakra corona)

Mano izquierda sobre la frente central (chakra del 3er ojo)

Mano izquierda sobre la nariz

Mano izquierda debajo de la glándula tiroides (chakra del cuello)

Mano izquierda al centro del pecho, sobre el esternón (chakra del corazón)

Mano izquierda sobre la parte baja el esternón (chakra del plexosolar)

Mano izquierda aprox 2 cm sobre el ombligo (chakra hara)

Mano izquierda sobre hueso púbico (chakra raíz)

Posición final: Mano derecha sobre el hueso coxis

Equilibrio lateral

El diagnóstico del "BurnOut" dice que ambos lados del cuerpo no han sido exigidos en forma equilibrada. Recupere ahora este equilibrio mediante el siguiente ejercicio, alternando posiciones de dedos y manos:

De derecha a izquierda

- Coloque la mano derecha sobre el hombro izquierdo, con los dedos cayendo sobre la espalda (3),

- el dedo pulgar izquierdo colóquela sobre la uña del dedo anular izquierdo,

- los lados interiores de ambas rodillas se tocan y se unen.

De izquierda a derecha

- Coloque la mano izquierda sobre el hombro derecho, con los dedos cayendo sobre la espalda (3),

- el dedo pulgar derecho colóquela sobre la uña del dedo anular derecho,

- los lados interiores de ambas rodillas se tocan y se unen.

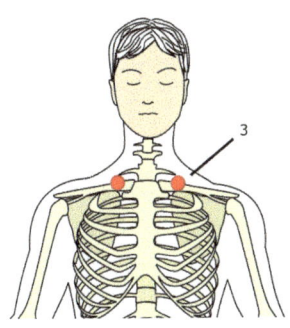

20

Flujos de los órganos

El flujos de los órganos

Estos ejercicios requieren su atención y una mirada introspectiva previa, según las cuestiones prejudiciales, para elegir el flujo más efectiva para influir su bienestar. Ponga sus manos sobre cada posición de flujo del órgano escogido entre dos a tres minutos.

Existen muchas posiciones manuales individuales que le darán bienestar, que diluirán y eliminaran los síntomas que le afectan. En el caso del diagnostico "BurnOut", está involucrado todo el sistema del cuerpo. Por eso se recomienda leer las descripciones de los flujos de los órganos para poder escoger y aplicar el flujo de energía ideal en ese momento.

Por ejemplo, el flujo biliar se llama así por ser administrador y cuidador de la vesícula y de la bilis. Pero este flujo va también por la cabeza y puede producir malestares allí.

Armonice su flujo biliar y empieza un viaje de descubrimiento a través y de su propio ser.

Por supuesto puede Ud. escoger sólo una posición de manos del flujo que es confortable en cualquier momento para su bienestar.

> **Consejo:**
> Escriba en un cuaderno sus descubrimientos, o use el espacio que hemos dispuesto al final de este libro.

Los pulmones (elemento aire)

Con el primer grito después de nacer se desarrolla el pulmón y con ello la función energética pulmonar y dice:

Yo soy.

Cada mañana aproximadamente a las 04:00 a.m. se repite este procedimiento de nacer para el nuevo día.

- ? Yo soy, ¿pero quién soy?
- ? ¿Estoy consciente de mi respiración?
- ? ¿Estoy en condiciones de observar mis inhalaciones y exhalaciones?
- ? ¿Estoy en confianza conmigo mismo?
- ? ¿Estoy consciente conmigo e internamente fuerte?
- ? ¿Estoy triste o tal vez depresivo?
- ? ¿Me siento culpable?
- ? ¿Estoy constantemente reflexionando?
- ? ¿Me atormentan pensamientos tristes y oscuros?
- ? ¿Me siento como un pobre niño indefenso?
- ? ¿Me siento rechazado, desilusionado?
- ? ¿Me despierto temprano en la mañana sin sentirme descansado y no puedo conciliar el sueño?
- ? ¿Estar recostado tampoco me reconforta?
- ? ¿Transpiro en sueño y tengo las manos húmedas?
- ? ¿Siento frio en los hombros y espaldas?
- ? ¿Mi respiración está libre de carrasperas y tos?

- ¿Están obstruidas mis senos paranasales?
- ¿Sufro de irritación a la piel?
- ¿Mi sistema de inmunidad está fuerte?

¿Ud. se reconoce en alguna o varias de las preguntas enumeradas?

Inicie entonces la activación del flujo de energía pulmonar. Toque o conecte las áreas corporales mencionadas, renglón por renglón, permaneciendo en cada punto con sus manos al menos dos a tres minutos. Auscúltese introspectivamente y sienta el placer, cómo con sus propias manos, se está conectando a la energía universal.

A través del día no olvide de empuñar sus dedos anulares, activando los flujos correspondientes.

Flujo pulmonar

Función energética pulmonar

Flujo izquierdo

1.) (mano izquierda) sobre el arco costillar izquierdo (14)

   (mano derecha) debajo de la clavícula izquierda (22)

2.) sobre el bíceps posterior del brazo izquierdo (alto 19)

3.) sobre el ángulo entre el dedo pulgar y el dedo índice izquierdos (18)

4.) sobre el hombro izquierdo (11)

5.) debajo de la clavícula derecha (22)

6.) sobre el centro del pecho derecho (13)

Flujo derecho

1.) (mano derecha) sobre el arco costillar derecho (14)

   (mano izquierda) debajo de la clavícula derecha (22)

2.) sobre lado exterior del brazo superior derecho (alto 19)

3.) sobre el ángulo entre el dedo pulgar y el dedo índice derecho (18)

4.) sobre el hombro derecho (11)

Flujo pulmonar **25**

5.) debajo de la clavícula izquierda (22)

6.) sobre el centro del pecho izquierdo (13)

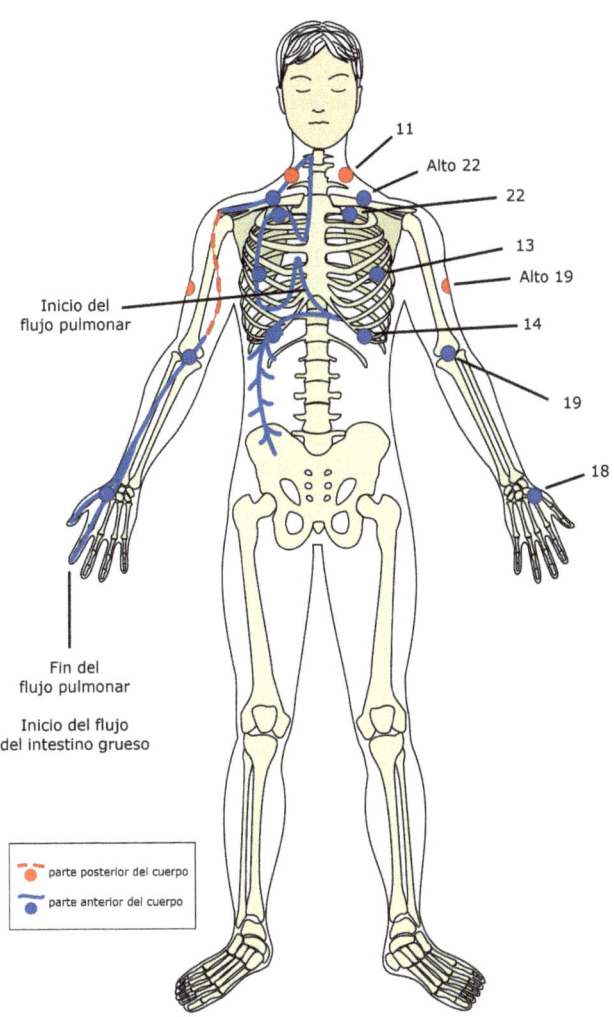

El intestino grueso (elemento aire)

Aproximadamente a las 06:00 a.m. lidera sus funciones energéticas el intestino grueso y dice:

Yo tengo.

Esto significa, que el intestino tiene una papilla de alimentos, de donde se recicla los líquidos y los electrolitos y desecha los residuos.

La misma actitud debiéramos tomar nosotros, es decir, separar lo útil de lo inútil y eliminar este último, formando espacio para recibir nuevo material.

- ¿Ud. retiene o guarda antigüedades, credos y creencias, costumbres y sentimientos?
- ¿Es Ud. delicado de sentimientos?
- ¿Tiene acumulados muchos sentimientos y siente hinchazones y dolores?
- ¿Tiene movilidad en sus dedos, articulaciones de manos, hombros, brazos?
- ¿Cómo están su dentadura, sus encías, la movilidad mandibular y del cuello?
- ¿Cómo siente su región del vientre?
- ¿Siente acumulaciones y obstrucciones de diferente índole?
- ¿Estas acumulaciones se dan a conocer con irritaciones visibles a la piel, con sangramientos de nariz, diarreas y dificultades respiratorias?
- ¿Sufre y retiene las penas y duelos?

> ¿Su posición corporal y su caminar son erguidos, con hombros sueltos?

> ¿Tiene sentimientos de abandono y soledad, como "nadie me quiere", ni el recostarme me trae alivios?

¿Ud. se reconoce en alguna o varias de las preguntas enumeradas?

Inicie entonces la activación del flujo de energía del intestino grueso. Toque o conecte las áreas corporales mencionadas, renglón por renglón, permaneciendo en cada punto con sus manos al menos dos a tres minutos. Auscúltese introspectivamente y sienta el placer, cómo con sus propias manos, se está conectando a la energía universal.

A través del día no olvide de empuñar sus dedos anulares, activando los flujos correspondientes.

Función energética del intestino grueso

Flujo izquierdo

1.) (mano izquierda) va sobre el hombro derecho (11)

   (mano derecha) empuña el dedo índice izquierdo

2.) va sobre el pecho derecho (13)

3.) va sobre el arco pulmonar derecho (14)

4.) va sobre el pómulo izquierdo (21)

5.) va debajo del la clavícula derecha (22)

6.) va debajo de la clavícula izquierda (22)

Flujo derecho

1.) (mano derecha) va sobre el hombro izquierdo (11)

   (mano izquierda) empuña el dedo índice derecho

2.) va sobre el pecho izquierdo (13)

3.) va sobre el arco pulmonar izquierdo (14)

4.) va sobre el pómulo derecho (21)

Flujo del intestino grueso **29**

5.) va debajo de la clavícula izquierda (22)

6.) va debajo de la clavícula derecha (22)

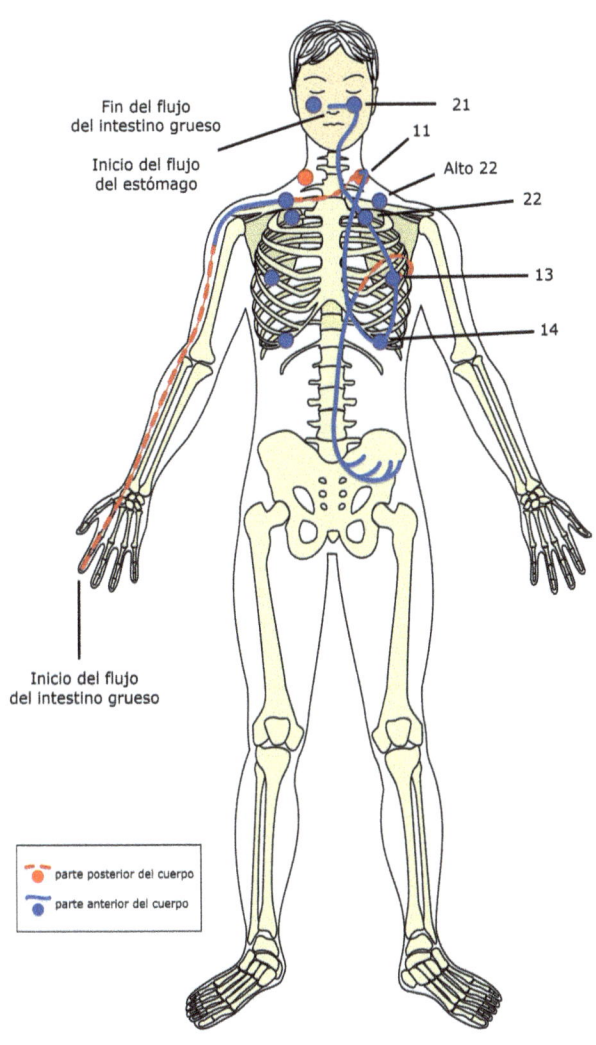

Flujo del estómago

El estómago (elemento tierra)

Aproximadamente a las 08:00 a.m. lidera sus funciones energizantes el estómago y dice:

Yo pienso.

La permanencia en el estómago de residuos inútiles o un estómago vacío dificultan el pensar y la actividad normal de este órgano.

Por lo tanto la alimentación sana produce una sensación de seguridad y tranquilidad.

Esto nos hace pensar que necesitamos nuestro plan individual para nuestra alimentación. Hay quienes prefieren un desayuno caliente, otros sólo unas frutas.
A veces se necesita la ayuda externa de un experto para aprender a identificar las señales de nuestro cuerpo.

- ? ¿Tiene problemas de pensar claramente o concentrarse?
- ? ¿Esta mentalmente estresado y no registra mensajes externos?
- ? ¿Vive pensativo y meditabundo?
- ? ¿Vive constantemente bajo presión y con falta de tiempo?
- ? Siente fuertes disgustos y aversiónes?
- ? ¿Su estómago reclama constantemente algo, por ejemplo algo dulce?
- ? ¿Sufre de acumulaciones con hinchazones en la cara, cuello y garganta, pecho o en la zona abdominal?
- ? ¿Sufre de gases gastrointestinales?

- ¿Le cuesta mantenerse sentado y siente hinchazones en rodillas, piernas, tobillos y pies?
- ¿Siente alteraciones de la glándula tiroides?
- ¿Siente variaciones e irritaciones de su piel y pelo?
- ¿Tiene variaciones en la temperatura de piel y cuerpo?
- ¿Cómo está su dentadura?
- ¿Se nota su estrés mental en su expresión?
- ¿Siente dificultades al tragar y para aceptar opiniones de otros?
- ¿Siente necesidad de comunicarse y hablar de Ud.?
- ¿Está introvertido y no puede comunicar sus sentimientos?

¿Ud. se reconoce en alguna o varias de las preguntas enumeradas?

Inicie entonces la activación del flujo de energía del estómago. Toque o conecte las áreas corporales mencionadas, renglón por renglón, permaneciendo en cada punto con sus manos al menos dos a tres minutos. Auscúltese introspectivamente y sienta el placer, cómo con sus propias manos, se está conectando a la energía universal.

A través del día no olvide de empuñar sus dedos pulgar, activando los flujos correspondientes.

Función energética del estómago

Flujo izquierdo

1.) 🖐️D (mano derecha) va sobre el pómulo izquierdo (21)

   🖐️I (mano izquierda) va debajo de la clavícula izquierda (22)

2.) 🖐️I sobre el arco pulmonar derecho (14)

3.) 🖐️I a la espalda sobre la región del riñón derecho (23)

4.) 🖐️I sobre el arco pulmonar izquierdo (14)

5.) 🖐️I sobre el muslo interior derecho (alto 1)

6.) 🖐️I sobre la pantorrilla lateral derecha (bajo 8)

7.) 🖐️I tomar el dedo central del pie derecho (tomada tipo sandwich)

Flujo derecho

1.) 🖐️I (mano izquierda) va sobre el pómulo derecho (21)

   🖐️D (mano derecha) va debajo de la lavícula derecha (22)

2.) 🖐️D sobre el arco pulmonar izquierdo (14)

3.) 🖐️D a la espalda sobre la región del riñon izquierdo (23)

4.) 🖐️D sobre el arco pulmonar derecho (14)

Flujo del estómago 33

5.) 🤚D sobre el muslo interior izquierdo (alto 1)

6.) 🤚D sobre la pantorrilla lateral izquierda (bajo 8)

7.) 🤚D tomar el dedo central del pie izquierdo (tomada tipo sandwich)

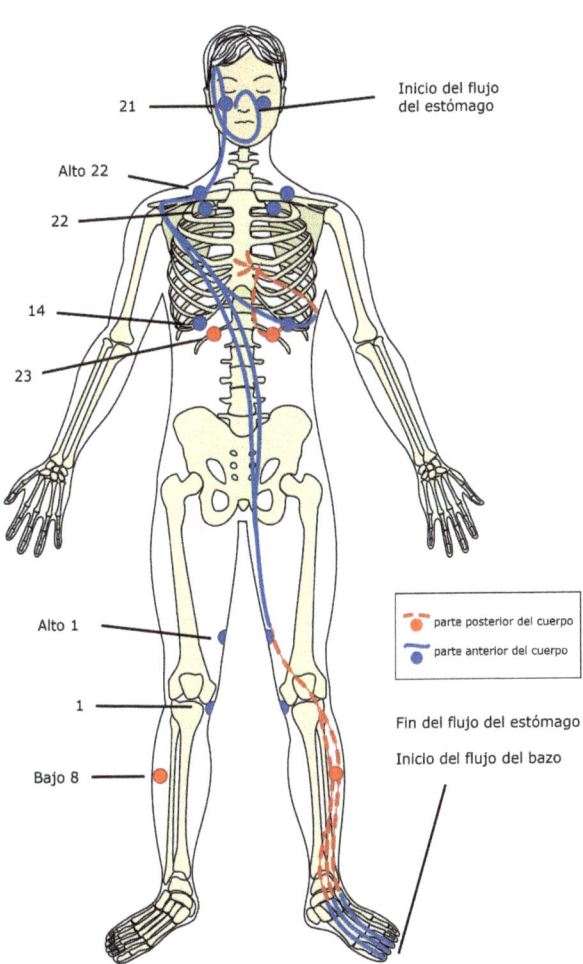

El bazo y el páncreas (elemento tierra)

Aproximadamente a las 10:00 a.m. lidera sus funciones el bazo y el páncreas y dicen:

Yo siento.

El bazo disfruta de la luz del sol que capta por la piel y lo entrega a los órganos del sistema nervioso. La energía solar es captada, comprimida y se transforma en alimentación energética para nuestros elementos tierra (bazo, páncreas y estómago).

- ¿Se siente suficientemente alimentado de esta elixir vital?
- ¿Sufre cansancio y cuerpo pesado?
- ¿Siente molestias con el sueño?
- ¿Sufre de pesadillas?
- ¿Cómo esta su sistema nervioso?
- ¿Tiene lapsos de memoria?
- ¿Después de las comidas, sufre de reacciones dolorosas en la región abdominal?
- ¿Tiene un desorden de diarreas, obstrucciones, hinchazones, deseos de vomitar y desgano de comer?
- ¿Siente necesidad por algo dulce?
- ¿Siente necesidad de entoxicarse?
- ¿Tiene encías sangrantes o flujos nasales inusuales?
- ¿Le cuesta mucho levantarse en la mañana?
- ¿Tiene problemas de circulación en las piernas?

Flujo del bazo

> ? ¿Siente molestias con los órganos de reproducción (menstruación, útero y próstata)?
> ? ¿Qué pasa con sus sentimientos, con su autoestima, sus simpatías y compasión?
> ? ¿Su fe original está estremecida?

¿Ud. se reconoce en alguna o varias de las preguntas enumeradas?

Inicie entonces la activación del flujo de energía del bazo. Toque o conecte las áreas corporales mencionadas, renglón por renglón, permaneciendo en cada punto con sus manos al menos dos a tres minutos. Auscúltese introspectivamente y sienta el placer, cómo con sus propias manos, se está conectando a la energía universal.

A través del día no olvide de empuñar sus dedos pulgar, activando los flujos correspondientes.

Función energética del bazo

Flujo izquierdo

1.) (mano izquierda) va debajo del tobillo izquierdo interior (5)

    (mano derecha) va debajo del coxis

2.) sobre el arco pulmonar derecho (14)

3.) sobre el pecho izquierdo (13)

4.) debajo de la clavícula derecha (22)

Flujo derecho

1.) (mano derecha) va debajo del tobillo derecho interior (5)

    (mano izquierda) va debajo del coxis

2.) sobre el arco pulmonar izquierdo (14)

3.) sobre el pecho derecho (13)

4.) debajo de la clavícula izquierda (22)

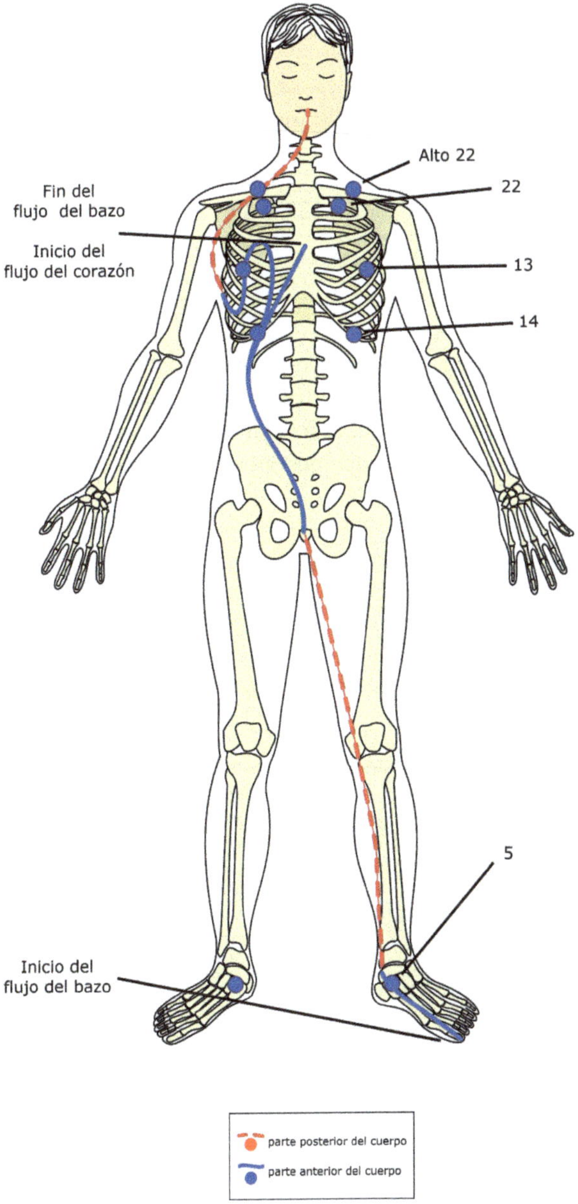

Flujo del bazo 37

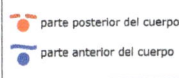

- Fin del flujo del bazo
- Inicio del flujo del corazón
- Alto 22
- 22
- 13
- 14
- 5
- Inicio del flujo del bazo

- parte posterior del cuerpo
- parte anterior del cuerpo

El corazón (elemento fuego)

(Cuando tenga problemas cardiológicos consulta urgente a su médico y apoye aplicando el flujo bazo y páncreas, véase p. 36 f.)

Aproximadamente a las 12:00 p.m. lidera sus funciones el corazón y dice:

Yo quiero.

El corazón es la expresión de nuestro fuego interior y quiere arder, desea esparcir las chispas de nuestro amor y desplegar su espíritu. Prácticamente todo en la vida son asuntos del corazón que desean ser cuidados.

- ¿Cómo están sus asuntos del corazón?
- ¿Se siente restringido en su ser, siente que no puede hacer lo que quiere?
- ¿Siente estrechez al corazón o angustias?
- ¿Está consciente y en contacto con su corazón y pulmones?
- ¿Siente necesidad de ajustarse a los hechos que lo rodean?
- ¿Se siente sobrepasado por exigencias y cree no poder lograrlo?
- ¿Es Ud. un trabajólico?
- ¿Siente febril la palma de su mano y sus ojos se ven amarillentos?
- ¿Siente miedos obsesivos y sentimientos depresivos?
- ¿Se queda sin habla y la lengua sele pone pesada?
- ¿Su pierde su claridad mental?

Flujo del corazón **39**

? ¿Tiene vacíos en sus recuerdos?
? ¿Ha perdido la motivación, pero insiste en cumplir con sus ideas?

¿Ud. se reconoce en alguna o varias de las preguntas enumeradas?

Inicie entonces la activación del flujo de energía del corazón. Toque o conecte las áreas corporales mencionadas, renglón por renglón, permaneciendo en cada punto con sus manos al menos dos a tres minutos. Auscúltese introspectivamente y sienta el placer, cómo con sus propias manos, se está conectando a la energía universal.

A través del día no olvide de empuñar sus dedos meñiques, activando los flujos correspondientes.

Función energética del corazón

Flujo izquierdo

1.) (mano izquierda) sobre el hombro izquierdo (11)

   (mano derecha) va al nudillo externo de la muñeca de la mano izquierda (17)

2.) va debajo de la clavícula derecha (22)

3.) va sobre el arco costillar derecho (14)

4.) va sobre la ingle derecha (15)

5.) va la rodilla izquierda interna (1)

6.) va debajo del tobillo izquierdo lado interior (5)

7.) va al dedo gordo del pie izquierdo (tomada tipo sandwich) (7)

Flujo derecho

1.) (mano derecha) va sobre el hombro derecho (11)

   (mano izquierda) va al nudillo externo de la muñeca de la mano derecha (17)

2.) va debajo de la clavícula izquierda (22)

3.) va sobre el arco costillar izquierdo (14)

4.) va sobre la ingle izquierda (15)

Flujo del corazón **41**

5.) 🖐 va sobre la rodilla derecha interna (1)

6.) 🖐 va debajo del tobillo derecho interno (5)

7.) 🖐 va al dedo gordo del pie derecho
(tomada tipo sandwich) (7)

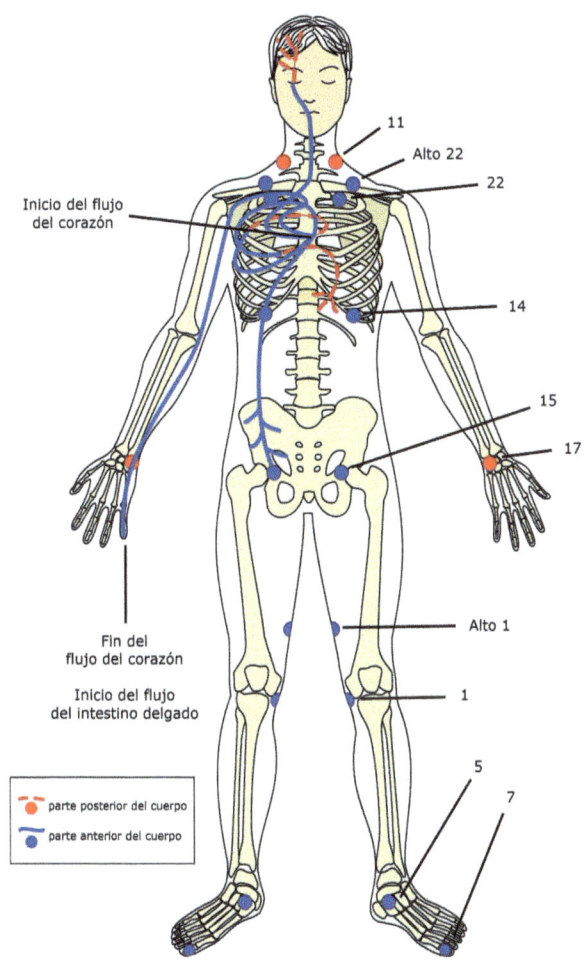

El intestino delgado (elemento fuego)

Aproximadamente a las 02:00 p.m. lidera sus funciones el intestino delgado y dice:

Yo analizo.

El intestino delgado analiza la papilla de alimentos y separa las partes útiles, eliminando lo inútil. Para ello requiere de la asistencia de una flora intestinal sana, para así poder transformar las sustancias nutritivas para su absorción.

- ? ¿Ud. analiza mucho y busca respuestas?
- ? ¿Es empecinado en sus convicciones, evitando nuevas ideas?
- ? ¿Le obsesiona en controlar todo?
- ? ¿Es detallista y autoexigente?
- ? ¿Si esta apurado, insiste en terminar detalles innecesarios?
- ? ¿Sus esfuerzos obstinados para cumplir metas, lo sobreexigen?
- ? ¿Se fatigar excesivamente con sus esfuerzos tenaces?
- ? ¿Siente molestias en al cuello, hombros, codo y articulaciones de las manos?
- ? ¿Esta desganado y siente molestias en las senos paranasales y alrededores?
- ? ¿Cuándo hace esfuerzos para obtener logros, siente molestias con los dientes en el área de los oídos?

Flujo del intestino delgado

? ¿Siente espasmos, ruidos y molestias digestivas en la región del intestino delgado?
? ¿Existe equilibrio entre ingestión y excresión?
? ¿Es Ud. obstinado? ¿Deje algo para el corazón después de todo la analización y racionalización?

¿Ud. se reconoce en alguna o varias de las preguntas enumeradas?

Inicie entonces la activación del flujo de energía del intestino delgado. Toque o conecte las áreas corporales mencionadas, renglón por renglón, permaneciendo en cada punto con sus manos al menos dos a tres minutos. Auscúltese introspectivamente y sienta el placer, cómo con sus propias manos, se está conectando a la energía universal.

A través del día no olvide de empuñar sus dedos meñiques, activando los flujos correspondientes.

Función energética del intestino delgado

Flujo izquierdo

1.) 🖐️I (mano izquierda) va sobre el hombro izquierdo (11)

   🖐️D (mano derecha) va sobre el pecho derecho (13)

2.) 🖐️D va sobre el lado exterior del codo izquierdo (19) (En caso de aplicación por otra persona, va al codo derecho.)

3.) 🖐️D va sobre la rodilla interna izquierda (1)

4.) 🖐️D va sobre el dedo gordo del pie izquierdo (tomada tipo sandwich) (7)

Flujo derecho

1.) 🖐️D (mano derecha) va sobre el hombro derecho (11)

   🖐️I (mano izquierda) va sobre el pecho izquierdo (13)

2.) 🖐️I va sobre el lado exterior del codo derecho (19) (En caso de aplicación por otra persona, va al codo izquierdo.)

3.) 🖐️I va sobre la rodilla interna derecha (1)

4.) 🖐️I va sobre el dedo gordo del pie derecho (tomada tipo sandwich) (7)

Flujo del intestino delgado **45**

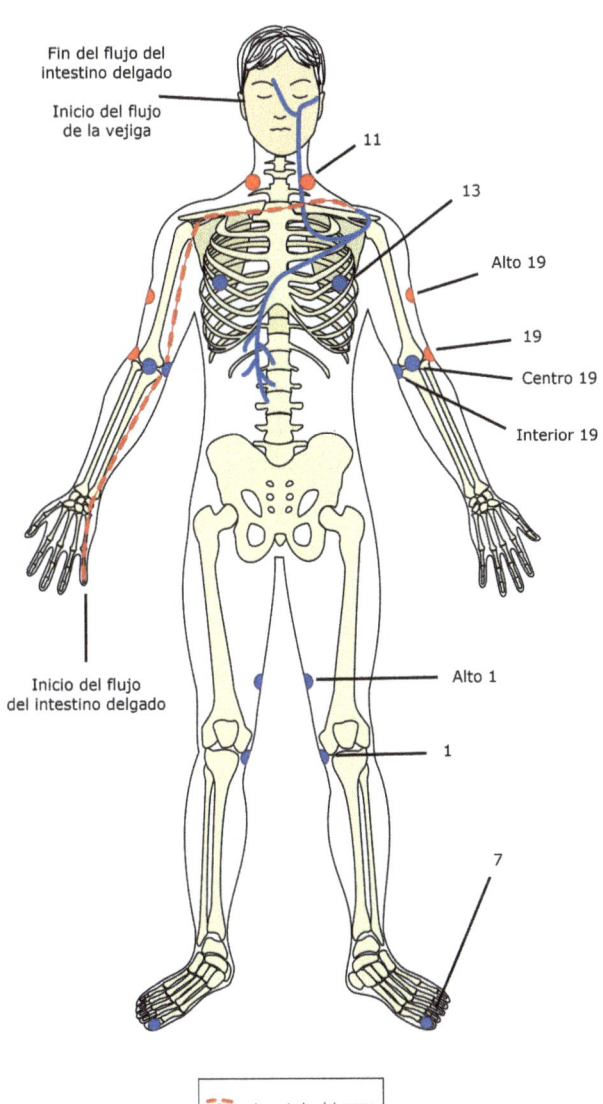

La vejiga (elemento agua)

Aproximadamente a las 04:00 p.m. lidera sus funciones la vejiga y dice:

Estamos balanceando.

La energía de la vejiga fluye por tres vías a ambos lados de la espina dorsal y cubre la totalidad de la espalda. Por esta razón tiene múltiples posibilidades de equilibrar y compensar. Tema importante de la vejiga es armonizar las situaciones de miedo.

Nuestras angustias y miedos nos estrechan y convulsionan, con lo que con el tiempo, influyen negativamente los flujos de función energética de nuestra vejiga y al mismo tiempo, nuestra espalda.

- ¿Tiene miedos o fobias?
- ¿Cree Ud. en la carencia permanente o carece Ud. de la fe y confianza?
- ¿Qué pasa con sus dudas?
- ¿Sus miedos y angustias se transforman en obstinación?
- ¿Su situación se manifiesta en acusaciones?
- ¿Tiene problemas con la vejiga y su vaciado?
- ¿Siente dolores a la espalda, cervicales, a las articulaciones y huesos?
- ¿Sufre de calambres musculares o de edemas?
- ¿Sufre de espasmos, por ejemplo espasmos de la pantorrilla?
- ¿Qué pasa con sus senos paranasales, ojos y oídos?

Flujo de la vejiga

- ¿Tiene presión encefálica, migrañas o mareos?
- ¿Qué pasa con su vida sexual?
- ¿Se siente solitario?
- ¿Cuáles son sus sentimientos en general con la justicia, la injusticia y la justicia compensatoria?

¿Ud. se reconoce en alguna o varias de las preguntas enumeradas?

Inicie entonces la activación del flujo de energía de la vejiga. Toque o conecte las áreas corporales mencionadas, renglón por renglón, permaneciendo en cada punto con sus manos al menos dos a tres minutos. Auscúltese introspectivamente y sienta el placer, cómo con sus propias manos, se está conectando a la energía universal.

A través del día no olvide de empuñar sus dedos índice, activando los flujos correspondientes.

Función energética de la vejiga

Flujo izquierdo
(Flujo simplificado de auto ayuda)

1.) (mano derecha) va al lado exterior trasero izquierdo del cuello (12)

   (mano izquierda) va sobre el coxis

2.) va a la corva de la rodilla izquierda

3.) va a debajo del nudillo externo del pie izquierdo (16)

4.) va al dedo chico del pie izquierdo (tomada tipo sandwich)

Flujo derecho
(Flujo simplificado de auto ayuda)

1.) (mano izquierda) va al lado exterior derecho del cuello (12)

   (mano derecha) va sobre el coxis

2.) va a la corva de la rodilla derecha

3.) va debajo del nudillo externo del pie derecho (16)

4.) va al dedo chico del pie derecho (tomada tipo sandwich)

Flujo de la vejiga **49**

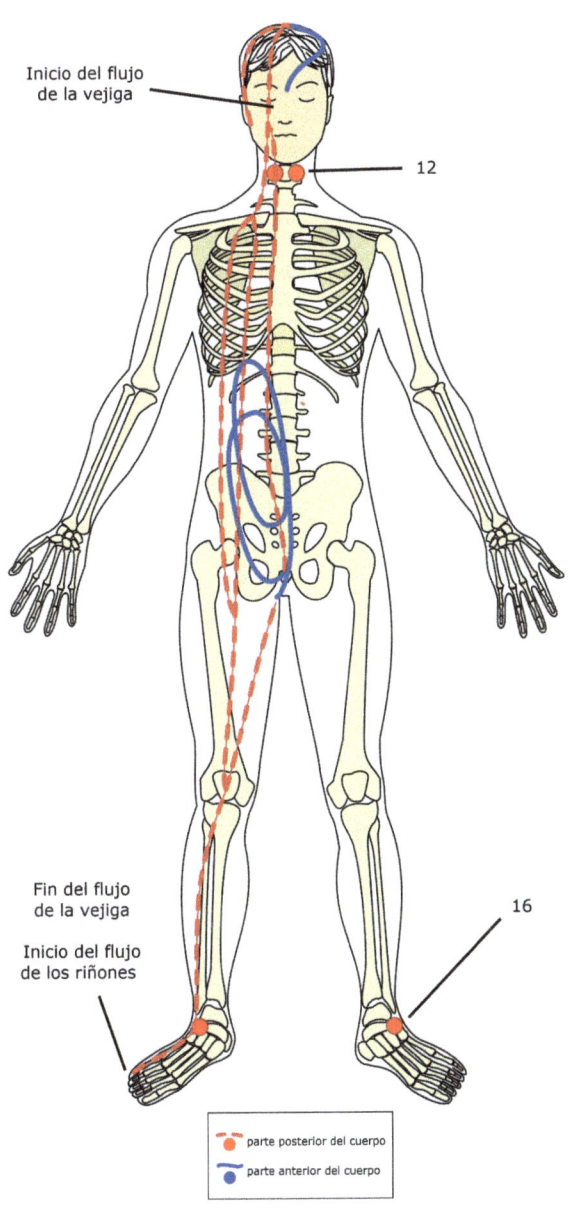

Los riñones (elemento agua)

Aproximadamente a las 06:00 p.m. lidera sus funciones los riñones y dicen:

Yo renuevo.

La filtración y renovación de la sangre es la tarea principal de los riñones, cuida nuestra herencia el elixir de nuestra fuerza de vida.

En cada gota de sangre vibran a través nuestro cuerpo: nuestros miedos y angustias, nuestros sentimientos de culpabilidad, nuestros complejos de inferioridad y la falta de confianza y fe en nosotros mismos.

- ¿Se ha hecho un examen de sangre últimamente?
- ¿Cómo está su presión y circulación sanguínea?
- ¿Tiene problemas con la irrigación sanguínea?
- ¿Siente frío en la región renal, cólicos?
- ¿Problemas de insomnio, transpiración y sudores durante la noche?
- ¿Sufre de asma o tos crónica?
- ¿Le duelen los huesos?
- ¿Siente dolores al caminar?
- ¿Su dentadura, sus uñas y pelo tienen aspecto sano?
- ¿Despierta contento o tieso, con mareos y nauseas?
- ¿Tiene acumulaciones en el cuerpo? ¿Hay acumulaciones externas, físicas y mentales?

- ? ¿La sexualidad es un placer o solamente una obligación?
- ? ¿Su vitalidad general está reducida y produce depresión?

¿Ud. se reconoce en alguna o varias de las preguntas enumeradas?

Inicie entonces la activación del flujo de energía de los riñones. Toque o conecte las áreas corporales mencionadas, renglón por renglón, permaneciendo en cada punto con sus manos al menos dos a tres minutos. Auscúltese introspectivamente y sienta el placer, cómo con sus propias manos, se está conectando a la energía universal.

A través del día no olvide de empuñar sus dedos índice, activando los flujos correspondientes.

Función energética de los riñones

Flujo izquierdo

1.) (mano derecha) va al dedo chico del pie izquierdo (tomada tipo sandwich)

   (mano izquierda) va sobre el hueso púbico

2.) va sobre el coxis

3.) va sobre el arco costillar derecho (14)

4.) va sobre el pecho derecho (13)

5.) va al lado derecho del cuello (12)

Flujo derecho

1.) (mano izquierda) va al dedo chico del pie derecho (tomada tipo sandwich)

   (mano derecha) va sobre el hueso púbico

2.) va sobre el coxis

3.) va sobre el arco costillar izquierdo (14)

4.) va sobre el pecho izquierdo (13)

5.) va al lado izquierdo del cuello (12)

Flujo de los riñones **53**

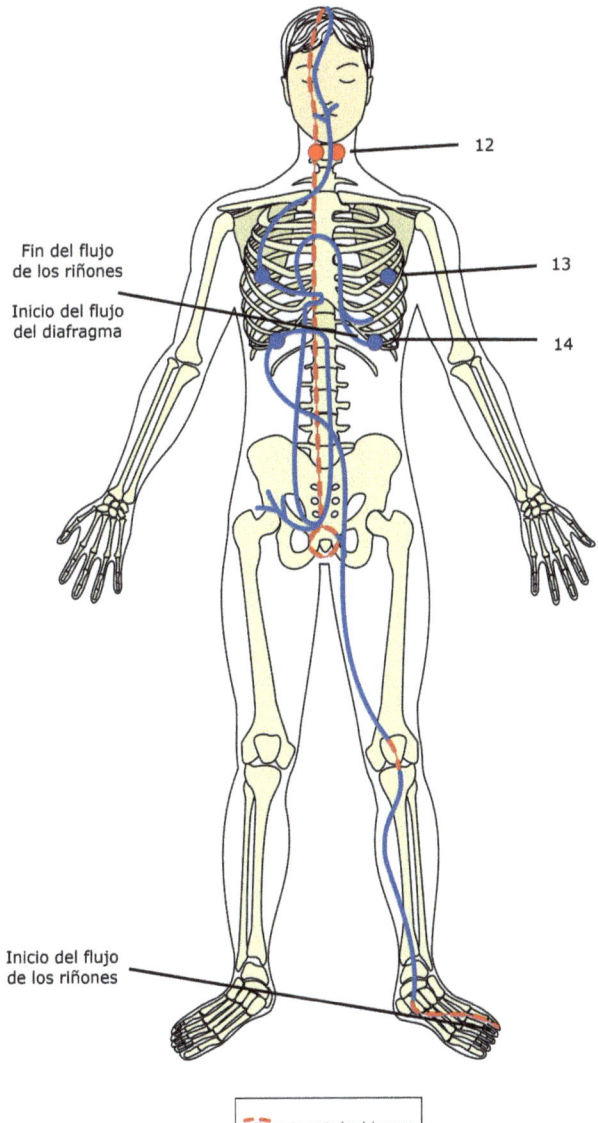

Fin del flujo de los riñones

Inicio del flujo del diafragma

Inicio del flujo de los riñones

12

13

14

parte posterior del cuerpo
parte anterior del cuerpo

El diafragma (y pericardio)

Aproximadamente a las 08:00 p.m. lidera sus funciones energéticas el diafragma y dice:

Yo reconozco.

La asistencia del diafragma al trabajo de la respiración nos muestra su importancia, porque apoya igualmente al corazón. Y como se dice: sin respiración no hay vida.

En la acupuntura el diafragma se correlaciona con el pericardio, el saco del corazón, que maneja y protege nuestro órgano central.

- ? ¿Cómo está su corazón?
- ? ¿Está oprimido por un aumento del diafragma?
- ? ¿La soledad, le provoca ansia y miedo?
- ? ¿Tiene necesidad de exponerse, por obligación o voluntariamente?
- ? ¿Tiene Ud. tiempo para saciar sus ansias de saber?
- ? ¿Su espíritu, sus ojos siempre miran hacia arriba?
- ? ¿Sus párpados y los ángulos de sus ojos están irritados?
- ? ¿Tiene Ud. penas, el corazón apretado y opresión en el pecho?
- ? ¿Cómo esta su respiración?
- ? ¿Tiene tensiones en el codo, en la región de cadera y las piernas?
- ? ¿Su sueño está influenciado por pesadillas?

Flujo del diafragma

> ? ¿Está sobre exigiendo su corazón y su circulación sanguínea por trabajo nocturno excesivo o trasnoches innecesarios?
> ? ¿Dormir le produce una buena recuperación?
> ? ¿Logra reencontrarse con si mismo?

¿Ud. se reconoce en alguna o varias de las preguntas enumeradas?

Inicie entonces la activación del flujo de energía del diafragma. Toque o conecte las áreas corporales mencionadas, renglón por renglón, permaneciendo en cada punto con sus manos al menos dos a tres minutos. Auscúltese introspectivamente y sienta el placer, cómo con sus propias manos, se está conectando a la energía universal.

A través del día no olvide de juntar las palmas de las manos, activando los flujos correspondientes.

Función energética del diafragma

Flujo izquierdo

1.) (mano izquierda) va sobre el arco costillar derecho adelante (14)
(En caso de aplicación por otra persona, el arco costillar izquierdo.)

(mano derecha) va sobre el codo interior izquierdo (19)
(En caso de aplicación por otra persona, el codo interior derecho.)

2.) toca la parte inferior del hueso de la pelvis izquierda (25)

3.) va debajo del tobillo interior derecho (5)

4.) cierra la mano con los dedos en el centro de la palma

5.) encierra el dedo anular de la mano izquierda

Flujo derecho

1.) (mano derecha) va sobre el arco costillar izquierdo adelante (14)
(En caso de aplicación por otra persona, el arco costillar derecho.)

(mano izquierda) va sobre el codo interior derecho (19)
(En caso de aplicación por otra persona, el codo interior izquierdo.)

Flujo del diafragma **57**

2.) toca la parte inferior del hueso de la pelvis derecha (25)

3.) va debajo del tobillo interior izquierdo (5)

4.) cierra la mano con los dedos en el centro de la palma

5.) encierra el dedo anular de la mano derecho

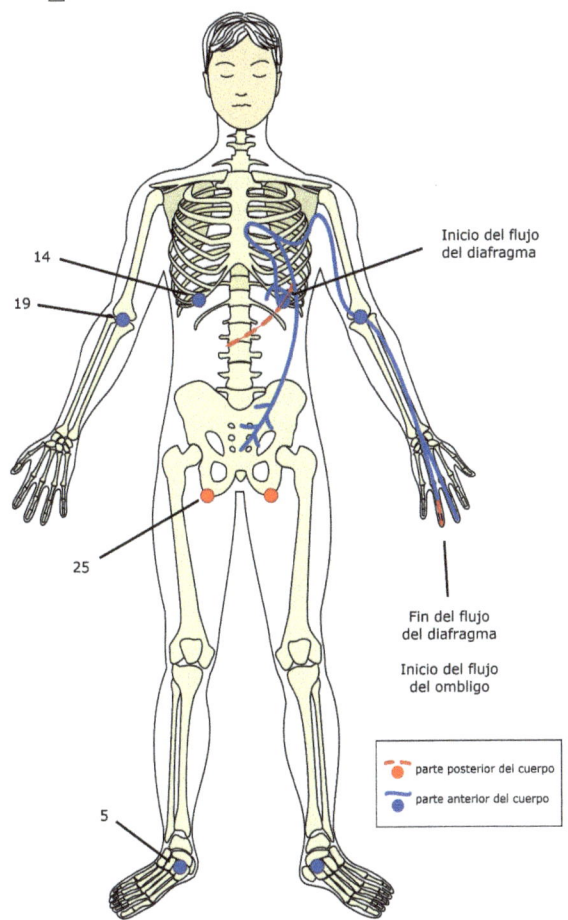

El ombligo
(tres vitalizadores del calor)

Aproximadamente a las 10:00 p.m. lidera sus funciones energéticas el ombligo y dice:

Yo necesito.

La función energética ombilical nos une a la fuerza original que nos comunica con el cosmos.

Todos los órganos de nuestro cuerpo (alto, mediano y bajo) se alimentan a base de luz e informaciones para su trabajo común con la función energética del ombligo y la del diafragma, además del flujo central.

- ¿Se siente Ud. libre y simultáneamente unido, es decir, alimentado por este fuego original?
- ¿Cómo esta su autoestima?
- ¿Se siente Ud. excluído, y su reacción es encerrarse en si mismo?
- ¿Le gusta retirarse, es decir, es Ud. introvertido?
- ¿Acoger y desechar, dar y recibir están en desequilibrio?
- ¿Su mundo espiritual y material mantienen su equilibrio?
- ¿Su sistema linfático está estancado bloqueando la comunicación dentro del cuerpo?
- ¿Tiene molestias en las articulaciones y en la región del cuello, hombro y brazos?
- ¿Tiene dolores dentales y molestias en la musculatura facial?

Flujo del ombligo

- ¿Tiene problemas con sus oídos, como tinitus u otras molestias más fuertes?
- ¿Cefalea que afecta su musculatura facial produciendo líneas de risa?

¿Ud. se reconoce en alguna o varias de las preguntas enumeradas?

Inicie entonces la activación del flujo de energía del ombligo. Toque o conecte las áreas corporales mencionadas, renglón por renglón, permaneciendo en cada punto con sus manos al menos dos a tres minutos. Auscúltese introspectivamente y sienta el placer, cómo con sus propias manos, se está conectando a la energía universal.

A través del día no olvide de juntar las palmas de las manos, activando los flujos correspondientes.

Función energética del ombligo

Flujo izquierdo

1.) (mano izquierda) va en la frente sobre el ojo derecho (20)

     (mano derecha) va sobre el codo interior izquierdo (19)

2.) va atrás sobre el cuello derecho (12)

3.) va sobre el arco costillar derecho adelante (14)

4.) va sobre el arco costillar izquierdo adelante (14)

5.) va sobre el arco costillar derecho en la espalda (23)

6.) toca la parte inferior del hueso de la pelvis izquierda (25) (En aplicación por otra persona, el hueso de la pelvis derecha.)

7.) va debajo del tobillo derecho externo (16)

8.) cierra el dedo anular derecha

Flujo derecho

1.) (mano derecha) va en la frente sobre el ojo izquierdo (20)

     (mano izquierda) va sobre el codo derecho interno (19)

2.) va atrás sobre el cuello izquierdo (12)

3.) va sobre el arco costillar izquierdo adelante (14)

Flujo del ombligo

4.) 🖐️I   va sobre el arco costillar derecho adelante (14)

5.) 🖐️D   va sobre el arco costillar izquierdo en la espalda (23)

6.) 🖐️D   toca la parte inferior del hueso de la pelvis derecha (25) (En aplicación por otra persona, el hueso de la pelvis izquierda.)

7.) 🖐️D   va debajo del tobillo izquierdo externo (16)

8.) 🖐️D   cierra el dedo anular izquierdo

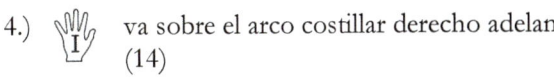

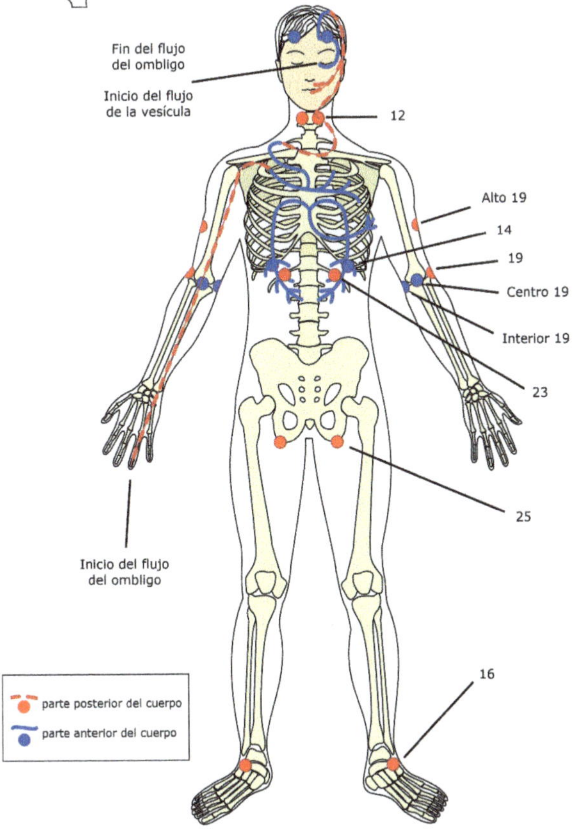

La vesícula
(elemento madera)

Aproximadamente a las 00:00 a.m. lidera sus funciones energéticas la vesícula y dice:

Yo se.

Muchas personas creen saberlo todo, otras simplemente saben mejor. La falta de humildad de los sabelotodos es la causa de muchas rabias. Razón tenía la clarividente abadesa alemana Hildegard von Bingen (1098 - 1179), cuando decía: la rabia separa el alma del cuerpo. Existen tantos ejemplos que lo confirman.

- ? ¿Hoy día ya pasó un momento de rabia?
- ? ¿En su vida diaria, pasar rabias es ya casi un rito?
- ? ¿Ud. controla sus rabias y sufre de cefaleas, migrañas e hipertensión?
- ? ¿Sufre de dolores lumbares, inflamaciones al nervio ciático, dolor de espalda?
- ? ¿Sufre de dolores por rigidez del cuello y ataques de gota?
- ? ¿Sufre de pesadillas y despierta agotado?
- ? ¿A veces siente tiritar su cabeza?
- ? ¿Es propenso a moretones?
- ? ¿No soporta las comidas grasas, siente un dejo amargo y sufre de eructos?
- ? ¿Sufre de gases intestinales y de mala digestión?
- ? ¿Cómo son las relaciones interpersonales en su círculo intimo y externo?
- ? ¿Se siente amado o mas bien rechazado?

Flujo de la vesícula **63**

? ¿Se siente estimado en su círculo personal y en su trabajo?
? ¿Se siente tratado en forma injusta?

¿Ud. se reconoce en alguna o varias de las preguntas enumeradas?

Inicie entonces la activación del flujo de energía de la vesícula. Toque o conecte las áreas corporales mencionadas, renglón por renglón, permaneciendo en cada punto con sus manos al menos dos a tres minutos. Auscúltese introspectivamente y sienta el placer, cómo con sus propias manos, se está conectando a la energía universal.

A través del día no olvide de empuñar sus dedos del medio, activando los flujos correspondientes.

Función energética de la vesícula

Flujo izquierdo

1.) 🖐️I (mano izquierda) va al lado izquierdo del cuello (12)

   🖐️D (mano derecha) va a la frente sobre el ojo derecho (20)

2.) 🖐️D va sobre el coxis

3.) 🖐️D va debajo del nudillo exterior del tobillo derecho (16)

4.) 🖐️D va sobre el arco costillar delantero derecho (14)

5.) 🖐️D va sobre el arco costillar delantero izquierdo (14)

6.) 🖐️D va debajo de la clavícula izquierda (22)

Flujo derecho

1.) 🖐️D (mano derecha) va al lado derecho del cuello (12)

   🖐️I (mano izquierda) va a la frente sobre el ojo izquierdo (20)

2.) 🖐️I va sobre el coxis

3.) 🖐️I va debajo del nudillo exterior del tobillo izquierdo (16)

4.) 🖐️I va sobre el arco costillar delantero izquierdo (14)

Flujo de la vesícula **65**

5.) 🤚 va sobre el arco costillar delantero derecho (14)

6.) 🤚 va debajo de la clavícula derecha (22)

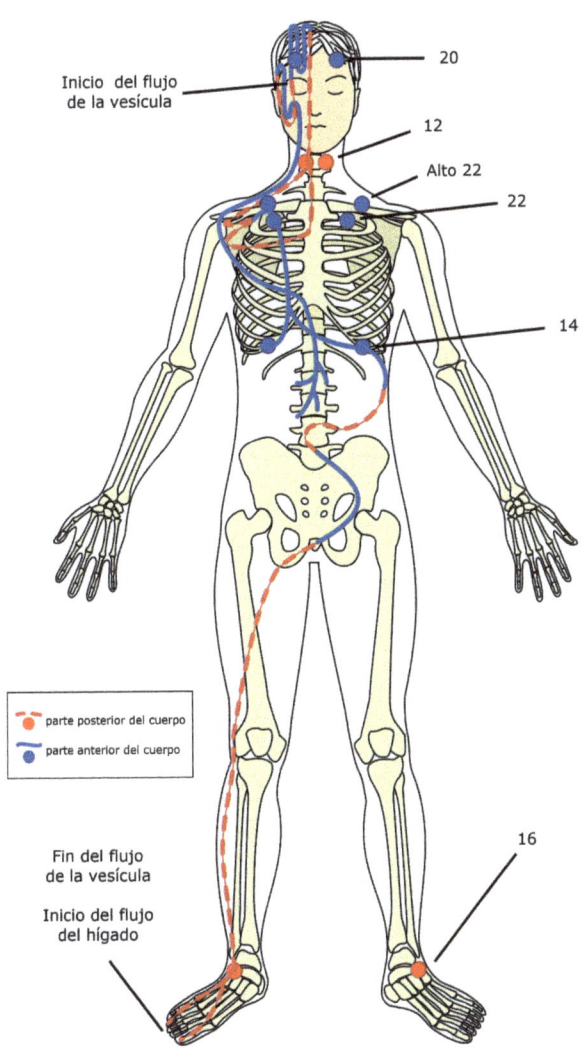

El hígado (elemento madera)

Aproximadamente a las 02:00 a.m. lidera sus funciones energéticas el hígado y dice:

Yo creo.

El hígado es el responsable de la eliminación de todas las toxinas, a todo nivel. Su actividad es principalmente durante la noche y actúa sobre todos alimentos sólidos, líquidos y espirituales.

Aparte de su capacidad como aseador, el hígado es el principal actor espiritual de nuestro cuerpo, devolviéndole armonía y bienestar.

- ¿Se siente en armonía?
- ¿El descanso nocturno le devuelve sus fuerzas y tranquilidad? ¿Amanece mal humorado?
- ¿Al despertar, siente una tos desintoxicadora, o una especie de romadizo?
- ¿Ud. sufre de rigidez matutina y de las articulaciones?
- ¿Sufre de prurito a la piel, piel rugosa y uñas quebradizas?
- ¿Digiere bien las comidas grasas?
- ¿Sufre repetidamente de acidez estomacal?
- ¿Sufre frecuentemente de dolores lumbares?
- ¿Es alérgico al viento?
- ¿Es perseverante y porfiado?
- ¿Es prejuicioso y con ello molesta a terceros?

Flujo del hígado

- ? ¿Es Ud. fácilmente irritable y sufre de desequilibrio sentimental y hormonal?
- ? ¿Es Ud. indeciso?

¿Ud. se reconoce en alguna o varias de las preguntas enumeradas?

Inicie entonces la activación del flujo de energía del hígado. Toque o conecte las áreas corporales mencionadas, renglón por renglón, permaneciendo en cada punto con sus manos al menos dos a tres minutos. Auscúltese introspectivamente y sienta el placer, cómo con sus propias manos, se está conectando a la energía universal.

A través del día no olvide de empuñar sus dedos del medio, activando los flujos correspondientes.

Funcion energética del hígado

Flujo izquierdo

1.) (mano izquierda) va a la base izquierda del cráneo (4)

    (mano derecha) va debajo de la clavícula derecha (22)

2.) va al arco costillar delantero derecho (14)

3.) va a la rodilla izquierda interior (1)

4.) va debajo del nudillo interno del tobillo izquierdo (5)

5.) va al ángulo entre los dedos pulgar e índice de la mano izquierda (18)

6.) va sobre la base trasera del cráneo, lado derecho (4)

Flujo derecho

1.) (mano derecha) va a la base derecha del cráneo (4)

    (mano izquierda) va debajo de clavícula izquierda (22)

2.) va al arco costillar delantero izquierdo (14)

3.) va a la rodilla derecha interior (1)

4.) va debajo del nudillo interno del tobillo derecho (5)

Flujo del hígado **69**

5.) va al ángulo entre dedos pulgar e índice de la mano derecha (18)

6.) va sobre la base trasera del cráneo, lado izquierdo (4)

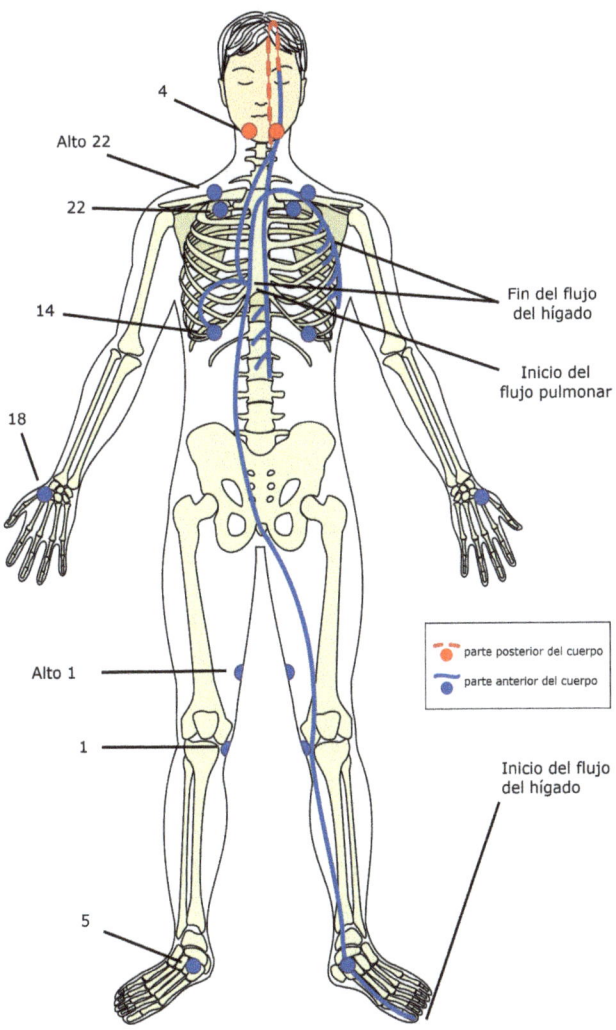

Epílogo

La felicidad através de la bondad, la buena voluntad y el bienestar

Queridos lectores,

Tienen las suerte de haber descubierto o están descubriendo cómo mejorar su bienestar con la simple aplicación de sus propias manos. A la vez ponen más atención a sí mismo y se dan cuenta cómo las yemas de sus dedos sienten la diferencia en la pulsación. A veces no se siente la pulsación, luego es suave o irregular y después nuevamente fuerte y algún día armonioso.

En todo caso, sentirá que se está comunicando con la energía cósmica universal y que esto está afectando su bienestar. Y si Ud. escucha y siente, se abrirá a ella, sentirá en su conciencia el placer de ser parte de este maravilloso universo en que vivimos, gozando

en plena conciencia de ser un ser, de ser Usted.

Deje participar a quienes le rodean de esta maravillosa experiencia, en cualquier forma. Cada persona será feliz con su ayuda a través de su bondad. Así puede Ud. disfrutar de su bienestar.

¿Por qué no lo intente?

Algunas indicaciones adicionales

- En todo caso recomendamos, no dejar de lado cualquier recomendación terapéutica o medicinal.

- Póngase en contacto con el editor si desea retirarse para realizar un seguimiento para el tratamiento de Jin Shin Jyutsu (por ejemplo, en un hotel ecológico, monasterio o en otros lugares).

- Otras informaciones y publicaciones sobre el tema Jin Shin Jyutsu las podrá encontrar en la página web: www.creative-story.com o bajo www.jin-shin-fee.com.

Índice de grabados

Sujetando los dedos 16
El auto-abrazo (big hug) 17
El flujo central 18
Flujo pulmonar 25
Flujo del intestino grueso 29
Flujo del estómago 33
Flujo del bazo 37
Flujo del corazón 41
Flujo del intestino delgado 45
Flujo del vejiga 49
Flujo de los riñones 53
Flujo del diafragma 57
Flujo del ombligo 61
Flujo de la vesícula 65
Flujo del hígado 69

Index

A

abandono 27
abdomen 26, 30, 34
acumulaciones 26, 30, 50
acupuntura 54
adaptabilidad 38
agitación 22, 55
agotamiento 42
agradecimiento **14**
algunas indicaciones adicionales **71**
analizar 42, 43
angustias 46, 50
anorexia 34
ansiedad 38
armonía 66
articulaciones 46, 58
    rigidez 26, 66
asma 50
audición
    caída de audición 59
auto-abrazo 17
autoestima 35, 58, 63
autoexigente 42
aversión 30

B

bazo **34**
bienestar 70
big hug 17
bondad 70
brazos 58
buena voluntad 70
Burmeister, Mary 14
BurnIn **10**

C

cabeza 47, 62
caderas 54
calambres
    calambres musculares 46
cansancio 34
capacidad relacional 62
cara 30, 31
    musculatura facial 58
carencia
    pensar en la 46
Carstens, Dra. Veronika (doctor de medicina) 13
cefalea 59, 62
cervicales 46
ciático 62
científico **13**
circulación 55
    problemas circulatorios 34, 50
codos 42, 54
cólicos 50
compasión 35
comunicar
    dificultades para expresarse 31
    necesidad de comunicar 31
concentrarse, problemas de 30
confianza
    autoestima 58
    confianza fundamental, falta de 35
    falta de confianza 50
conocimiento, sed de 54
constipación 26
convicciones 42
corazón **38**, 43, **54**, 55
    angina de pecho 38
    dolor de 54
    opresión 54
    pericardio 54
costumbres, viejos 26
cuello 26, 30, 42, 58, 62

cuerpo.. 58
    postura... 27
    temperatura de cuerpo... 31
culpabilidad, sentimientos de..................................... 22, 50

D

dedos
    sujetando los... **16**
    uñas... 50
dentadura... 26, 50
depresión.. 22, 38, 51
desaliento... 39
deseo... 30
desequilibrio.. 58
desilusión... 22
desintoxicación... 34
detalle obsesión.. 42
diafragma... **54, 58**
    aumento del... 54
diarreas.. 26, 34
dientes.. 31
    dolor de.. 58
    dolor de muelas.. 42
digestión.. 62
    problemas digestivas... 43, 66
disgustos.. 30
dolores... 26, 34
dudas... 46
duelo... 26
dulces.. 30, 34

E

edemas.. 46
ejercicios prácticos.. **15**
    auto-abrazo (big hug)... 17
    dedos, sujetando los... 16
    equilibrio lateral... 19

flujo central 18
flujos de los órganos 21
elemento agua
    riñones 50
    vejiga 46
elemento aire
    intestino grueso 26
    pulmones 22
elemento fuego
    corazón 38
    intestino delgado 42
elemento madera
    hígado 66
    vesícula 62
elemento tierra
    bazo y páncreas 34
    estómago 30
elixir de vida 34, 50
emociones
    alternativamente emocional 67
encefálica, presión 47
encías 26, 34
ensimismamiento 30
entoxicación 34
epílogo **70**
equilibrio 58
eructos 62
escasez 30
esfuerzos obstinados 42
espalda 22, 46, 62
    lumbago 66
espasmos 43, 46
    espasmos de la pantorrilla 46
espina 46
estómago **30, 34**
    dolores de 66
estrés mental 30, 31
excresión 43
extroversión 54

F

fatiga 34, 42
fe original 35
febril 38
felicidad 70
flatulencia 30
flujos
    flujo central **18**, 58
    flujo de la vejiga **48**
    flujo de la vesícula **64**
    flujo de los riñones **52**
    flujo del bazo **36**
    flujo del corazón **40**
    flujo del diafragma **56**
    flujo del equilibrio lateral **19**
    flujo del estómago **32**
    flujo del hígado **68**
    flujo del intestino delgado **44**
    flujo del intestino grueso **28**
    flujo del ombligo **60**
    flujo pulmonar **24**
    flujos de los órganos **21**
fobias 46
frío, sensación de 22

G

garganta 30
    limpiar la garganta 22
gota 62
grasa, intolerancia a la 62, 66

H

hígado **66**
Hildegard von Bingen 62
hinchazones 26, 30, 31, 34, 62
hipertensión 62

hombros 22, 42, 58
    sueltos 27
hormonas
    fluctuaciones hormonales 67
huesos 50
    dolores en los 46

I

immunidad, sistema de 23
inadecuación
    sentimientos de 38
indecisión 67
índice de grabados **72**
indigestión 62
inferioridad
    sentimientos de 50
inflexibilidad 66
ingestión 43
insomnio 22, 34
intestino delgado **42**, 43
intestino grueso **26**
introducción 7
introversión 31, 58
irritabilidad 67

J

justicia
    injusticia 63
    justicia compensatoria 47
    sentido de la 47

K

Kato, Haruki 14

L

lengua pesada.. 38
libertad, sensación de... 58
líneas de risa.. 59
linfa... 58
lumbares.. 62

M

mandíbula.. 26
manos
    húmedos... 22
    muñecas... 42
    palma.. 22, 38
mareos.. 47, 50
meditabundo.. 30
memoria, lapsos de... 34, 39
menstruación.. 35
mental, claridad.. 38
miedos.. 38, 46
migrañas... 47, 62
molesta... 66
moretones... 62
Murai, Jiro (Jin Shin Jyutsu Maestro).............................. 14

N

nariz.. 23, 42
    nariz que moquea.. 34
    sangramientos de nariz... 26
náusea.. 34, 50
nervios
    sistema nervioso... 34
noctámbulo.. 55
notas.. **83**
nuca
    rigidez en el cuello... 62

O

obstinación 46
obstrucciones 34
oídos 46
ojos 46, 54
    amarillentos 38
    irritados 54
    párpados 54
ombligo **58**
orejas 42
órganos de reproducción 35
orinar 46

P

páncreas **34**
Pearl, Dr. Eric (docteur en médecine) 10
pecho 30
    opresión de 54
pelo 31, 50
penas 26
pensativo 30
perfeccionismo 42
pericardio 54
pesadez, sensación de 34
pesadillas 34, 54, 62
piel 31, 66
    irritación de la piel 23, 26
    prurito a la 66
    temperatura de piel 31
piernas 31, 34, 54
pies 31, 50
Popp, Prof. Dr. Fritz Albert (profesor de
    investigación biofotones) 13
postura erguida 27
prejuicio 66
presión sanguínea 50
prólogo **5**
próstata 35

pulmones 22, 38

R

rabia 62
racionalizar 43
reflexionar 22
renuencia 58
respiración 54
   36 respiraciones conscientes **17**
   problemas respiratorios 26
rigidez 50, 66
riñones **50**
rodillas 31
romadizo 66

S

sangrantes 34
sangre 50
   circulación 50
   presión sanguínea 50, 62
Schlebusch, Dr. Klaus-Peter (doctor de
   medicina general) 13
senos paranasales 23, 42, 46
sensibilidad
   al viento 66
sexualidad 47, 50
soledad 27, 47
   miedo a la 54
sudores 50
sueño
   desórdenes de 34
   insomnio 50
   irregularidad del 50
   pesadillas 34, 54
   trastornos del 54, 66

T

terapia.................... 12
testarudez.................. 39, 42
tiempo, presión del.......... 30
tinitus..................... 59
tiritona.................... 62
tiroides, glándula de los.... 31
tobillos.................... 31
tos......................... 22, 66
    tos crónica............. 50
trabajo nocturno............ 55
trabajólico................. 38
tragar, dificultades al..... 31
transpiración............... 22, 50
tres vitalizadores del calor. 58
tristeza.................... 22

U

uñas
    quebradizas............. 66
útero....................... 35

V

vejiga...................... **46**
vesícula.................... **62**
vientre..................... 26
vitalidad................... 51

W

Waldeck, Felicitas Gräfin.... 14
    prólogo................. 5

Notas

87

www.ingramcontent.com/pod-product-compliance
Ingram Content Group UK Ltd.
Pitfield, Milton Keynes, MK11 3LW, UK
UKHW020644060526
12295UKWH00012B/164